1. 남바원, 갑자기 고양이되다?!   006

2. MOT마케팅 VS 언택트 마케팅   046

3. 입사 후, 첫 홈쇼핑 대결!   049

4. 프리미엄 마케팅 VS 희소성 마케팅   107

5. 양대산맥, 메가쇼핑과의 대결   111

6. 시즌 마케팅 VS 독점 마케팅   168

인간 남바원

평범한 고양이 집사이자, 그림작가이자, 마케터이다. 자신 개발한 고양이 용품 위에서 잠에 들다 그만, 고양이 별이라는 새로운 세상에 발을 들이게 되고

고양이? 인척 남바원

거기서 길 고양이가 되어있었다. 그렇게 무일푼으로 고양이 별에서 알바를 전전하다, 한 진상을 만나게 되면서 큰 회사와 계약을 하게 되고 목숨을 건 마케팅 대결을 펼치게 되는데…

그라탕

그레이스 백화점을 운영하는 사장이다. 어느 날, 편의점에 들러 마실 것을 사려다 실수로 우유를 떨어뜨리게 되고 여기서 아르바이트생 남바원과 소동이 벌어지면서 대결을 펼치게 돈다. 이 사건을 계기로 자신의 백화점에 계약직 직원으로 채용하게 되면서 사건이 벌어진다.

그라탕 부인

게티

능글맞은 성격과 여색을 밝히는 붉은 고양이. 그레이스 백화점의 부장을 맡고 있으며, 뛰어난 마케터라고 자부심을 가지고 있다. 특히 라니에게 관심을 보인다.

라니

그레이스 백화점의 실력이 뚜어 비서이다. 그의 전직은 형사로 어떤 일을 조사하는 것에 뛰어난 능력을 가지고 있다. 이런 뛰어난 능력을 가지고 있음에도 반호-점 비서로 일을 하고 있는 라니가 수상쩍다.

캣그라스 농장주인

그린철과   메가쇼핑

남바원, 갑자기 고양이되다?!

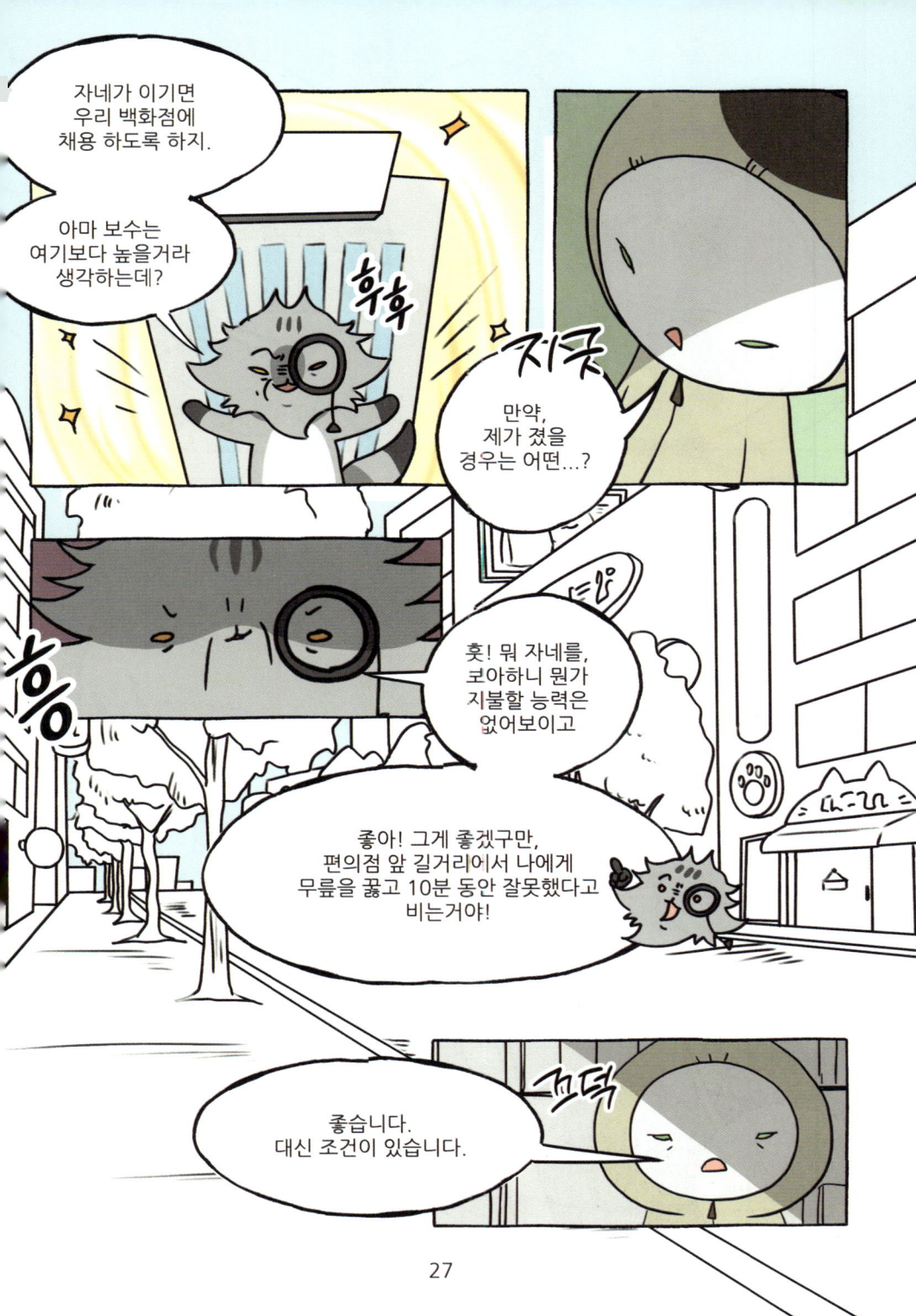

시.간.

씨익

시간...?

움찔

그라탕의 전략: MOT 마케팅

그라탕은 친절한 미소를 보이며 소비를 유도하는 **MOT 마케팅(Moment of truth: 고객접점 마케팅)**을 선택했다. MOT마케팅이란? 고객과 만나는 짧은 순간을 관리하여 고객이 지속적으로 찾도록 하는 마케팅 이다. 실제 이 마케팅으로 성공한 **일본 교토에 본사를 둔 MK택시 성공사례**를 보자.

사장인 유봉식회장은 재일교포로 일본에서 예절과 친절 마케팅으로 성공한 대표적인 기업인 이다. 청결하지 않으면 운행할 수 없다! 라는 신조로 MK직원들을 위한 직업정신, 서비스정신, 우수한 직원에 대한 복리 후생에 앞장섰다. 친절이 바탕이 된 서비스정신, 희생이 강조된 봉사 정신, 그리고 한결 같은 신념과 믿음으로 이어가는 나눔 실천.
그 결과로 MK택시는 일본에서 존경받는 기업이 되었다.

특히 "인사하지 않으면 택시요금을 받지 않습니다." 라는 선언은 MK택시가 MOT마케팅에 얼마나 진심이었는지 알 수 있는 대목이다.

이 후 한국에도 MOT마케팅인 친절한 응대 서비스를 도입한 대형항공사, 백화점, 병원, 등이 눈에 띄는 성장을 보이자, 뒤 이어 다양한 기업들이 MOT마케팅을 도입하였다. 친절한 서비스가 곧 기업의 경쟁력과 가치를 높여준다는 것을 알게 된 기업들은 고객감동을 중요한 경영요소로 삼고 있다.

그래서 깔끔한 털과 우아한 혈통의 고양이가 학생손님을 친절하게 맞으면 이길 것이라 생각했지만… 그라탕 사장이 놓친 것이 있었다!!

남바원의 전략: 언택트 마케팅(untact marketing)

남바원은 무표정하고, 특별히 말을 걸지 않는 **언택트 마케팅**을 선택했다. 언택트 마케팅 이란? 고객과 접촉을 최소화하는 비대면 서비스이다. 남바원이 계산을 맡은 시간대는 학교의 하교 시간으로 편의점 고객의 대부분은 MZ세대로 불리는 젊은 층이다.

지금 MZ세대는 언택트라고 칭하는 불편한 소통보다 편안한 단절을 좋아한다. 그들은 다른 사람과 접촉하는 것을 자신의 관심과 시간을 투자해야하는 피곤한 일이라 여기며, 성인 중 46.5%는 콜 포비아라고 하여 전화대면조차 거부감을 가지고 있다. 그래서 언택트 서비스는 "무언의 친절함" 이라고 표현하기도 한다.

입사 후, 첫 홈쇼핑 대결!

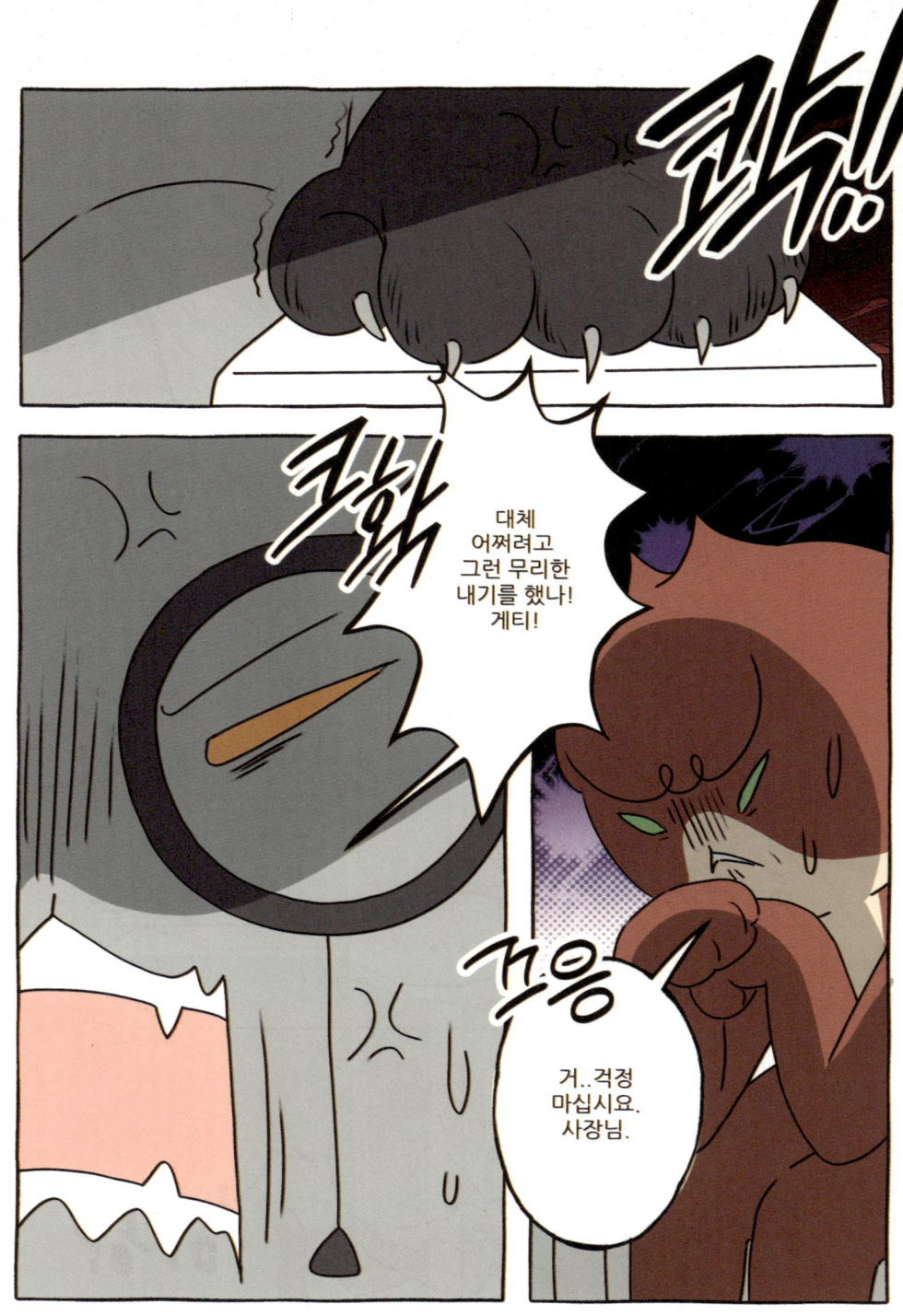

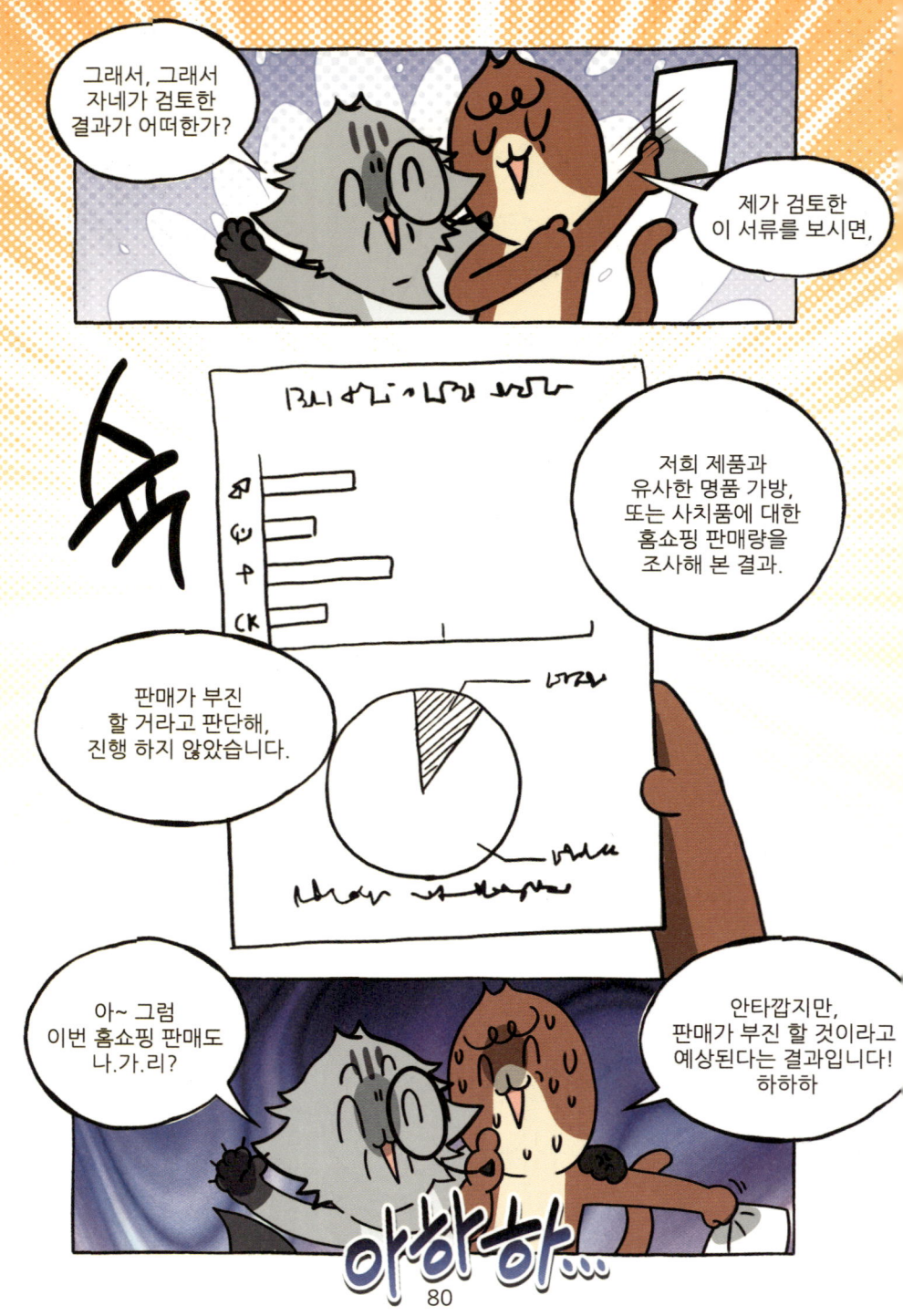

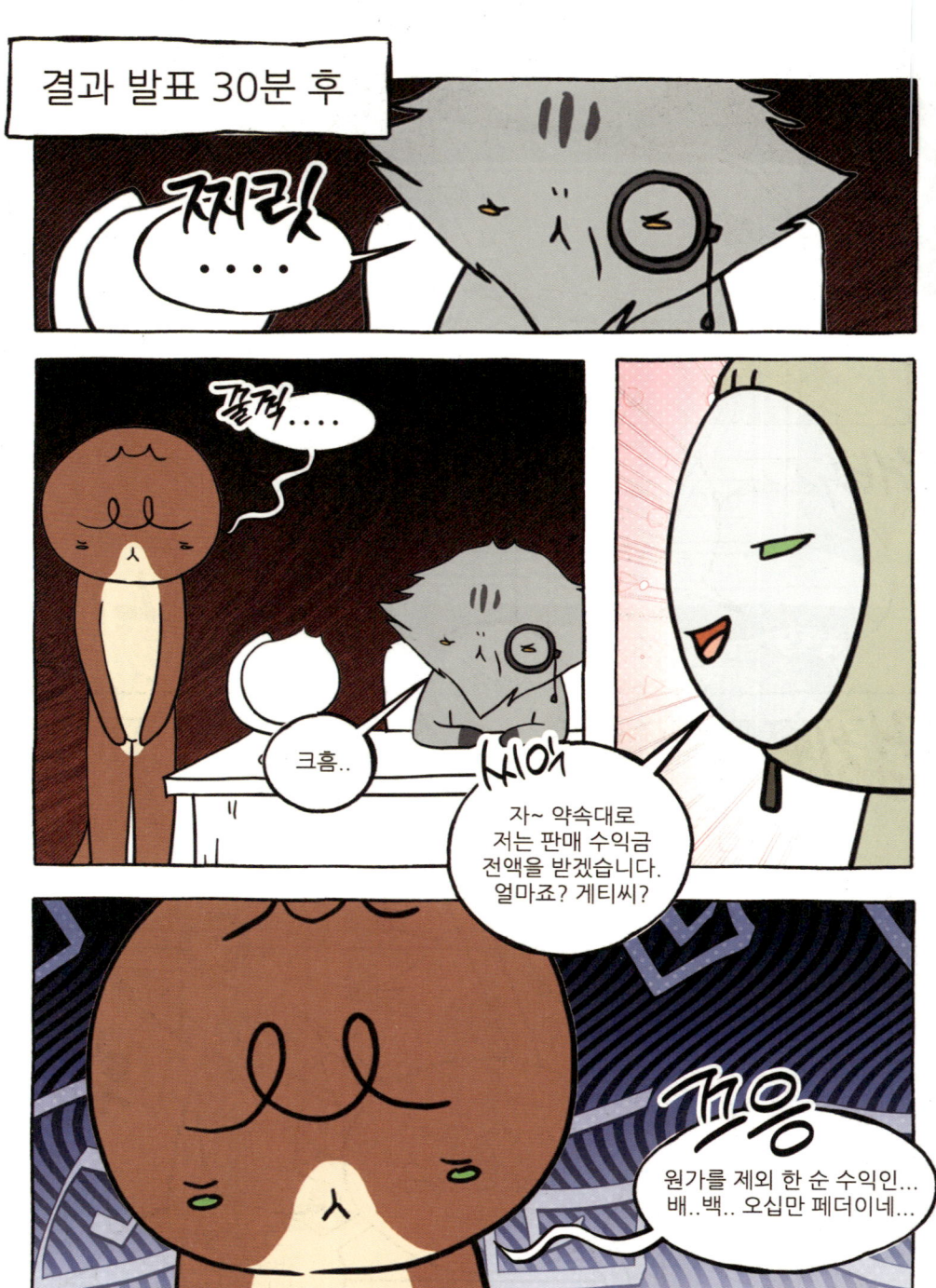

1,000,000(판매대금) X 2개 - (5,000 X 100개) = 2,000,000(판매금액) - 500,000 (원가)= 1,500,000(순수익)

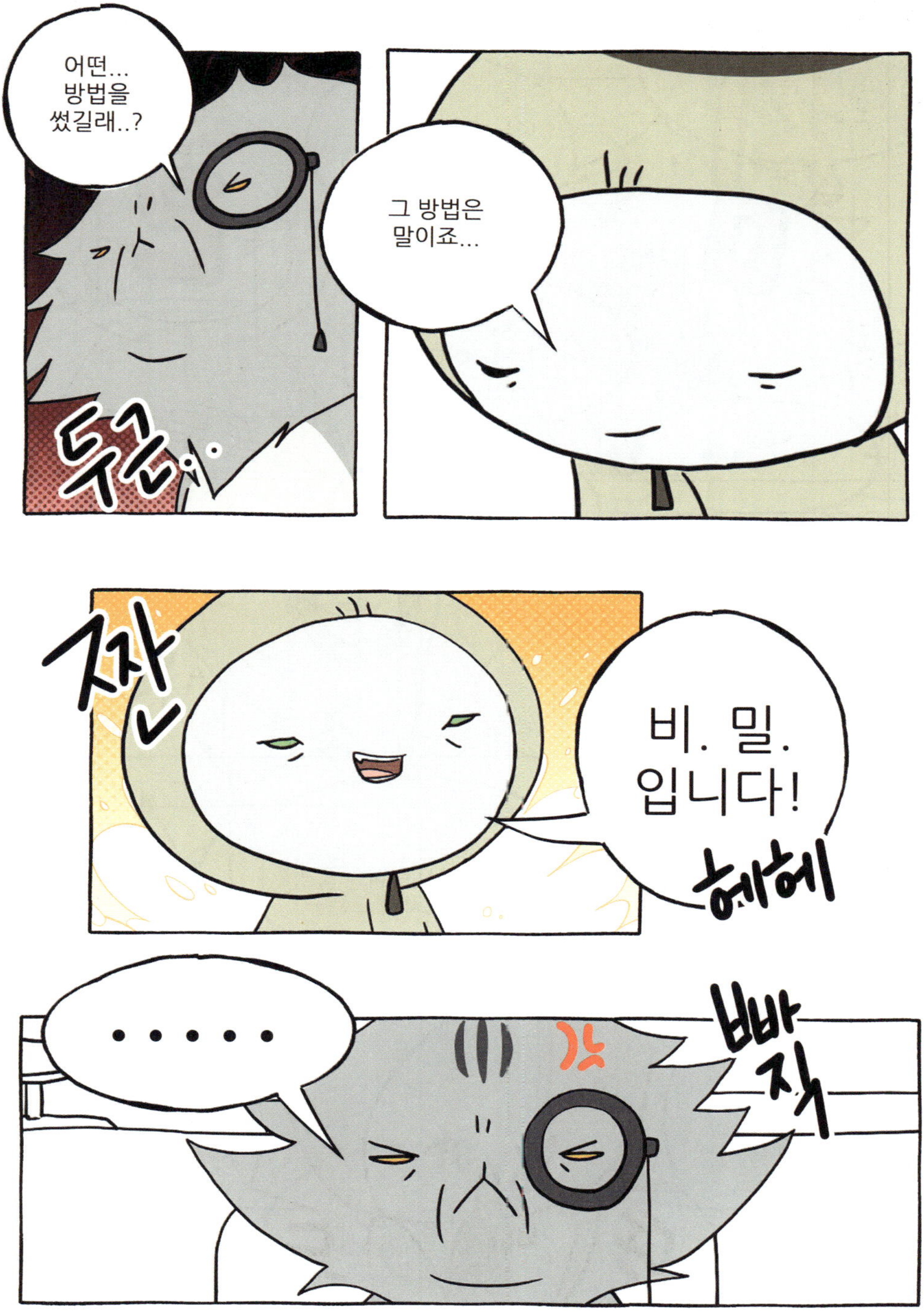
어떤... 방법을 썼길래..?
두근...
그 방법은 말이죠...
짜잔
비. 밀. 입니다!
헤헤
......
빠직

그라탕의 전략: 프리미엄 마케팅

그라탕은 명품 가방을 수입해 비싸게 파는 전략인 **프리미엄 마케팅**을 선택했다. 소비자가 프리미엄을 느끼려면 다음과 같은 요소가 필요하다.

첫째는 품질이다. 일본자동차 회사 도요타는 미국에서 저렴한 가격의 브랜드였다. 도요타는 이런 이미지를 탈피하기 위해 '렉서스'라는 고품질, 고가의 브랜드를 런칭하였고 기존 고급 자동차 브랜드인 '벤츠'에 버금가는 품질로 고객들의 호평을 받은 도요타는 값싼 이미지를 탈피할 수 있었다.

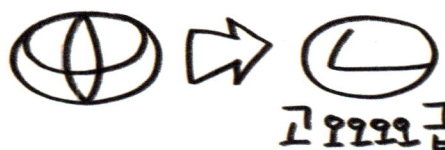

고급

둘째는 가격이다. 독일의 가전업체 '밀레'는 높은 품질을 기본으로 타 제품보다 비싼 가격을 책정한 프리미엄 전략을 사용하고 있다. 이러한 고가정책은 '아무나 살 수 없다'라는 인식을 갖게 하였고 많은 소비자들이 '아무나'가 아닌 '특별'한 사람이 되고 싶어 '밀레'를 선택하게 되었다.

비싼건 냉기도 다르네~

봤나? 나 테XX타는 고양이야~!

셋째는 가치이다. 테슬라는 2013년 출시한 모델 S 세단에 대해 흥미로운 잔존가치 보장 정책을 제공했다. 구매자는 자동차를 구매한 시점으로 3년이 지나면 테슬라에게 차를 되 팔 수 있었는데, 이 때 중고차의 잔존가치는 벤츠S클래스와 같은 잔존율을 적용하였다. 그 전략으로 신생 자동차 기업인 테슬라는 단숨에 메르세데르 벤츠의 이미지를 끌어와 자기 것으로 만들었다

이처럼 프리미엄 마케팅은 '높은 품질', '높은 가치'를 기반으로 '높은 가격'에 판매하는 기법이다. 그라탕이 판매하려던 '입큰노랑' 가방 역시 위의 요소를 몇개 갖추고 있었지만 결국 가격설정을 잘 못해 실패하게 되는데…

게티의 전략: 스타 마케팅

게티는 그레이스 백화점의 마케팅 부장 답게 '스타 마케팅'을 진행하였다. 스타마케팅은 대중의 선망과 동경이 대상이 되는 유명인을 이용해 제품, 또는 기업을 홍보하는 전략이다. 이러한 전략은 해당 스타의 유명도에 따라 초기 비용이 많이 들 수 있지만 성공하면 그 이상의 효과를 얻기도 한다.

'펩시콜라'는 음료시장의 만년 2인자였다. 1위는 항상 '코카콜라'였고, '펩시콜라'는 1위를 노리고 다양한 마케팅에 노력을 들였지만 언제나 1위는 '코카콜라'였다.

1984년 '펩시콜라'는 500만 달러 (약 350억원)을 투자하여 '스타마케팅'을 펼쳤고 드디어 '코카콜라'를 제치고 1위에 오르는 기적을 일으켰다.

당시 '펩시콜라'의 광고 모델은 '마이클 잭슨'이었다.

남바원의 전략: 희소성 마케팅

희소성 마케팅은 **제품의 희소성을 부여**하여 소비자에게 '지금 아니면 살 수 없다'라는 메시지를 보내 구매하게 만드는 전략이다.

- 희소성 마케팅은 크게 3가지로 나뉜다 -

첫째는 공급량을 제한하는 '공급 관련 희소성'이다. '오픈런'이라는 말을 들어 본적이 있을 것이다. 소비자가 어떤 제품을 사기 위해 남들보다 일찍 매장으로 가는 것을 말한다. 그럼 이들은 왜 남들보다 일찍 먼저 가려고 하는 것일까? 그것은 바로 해당 제품의 수량이 한정되어 있기 때문이다.

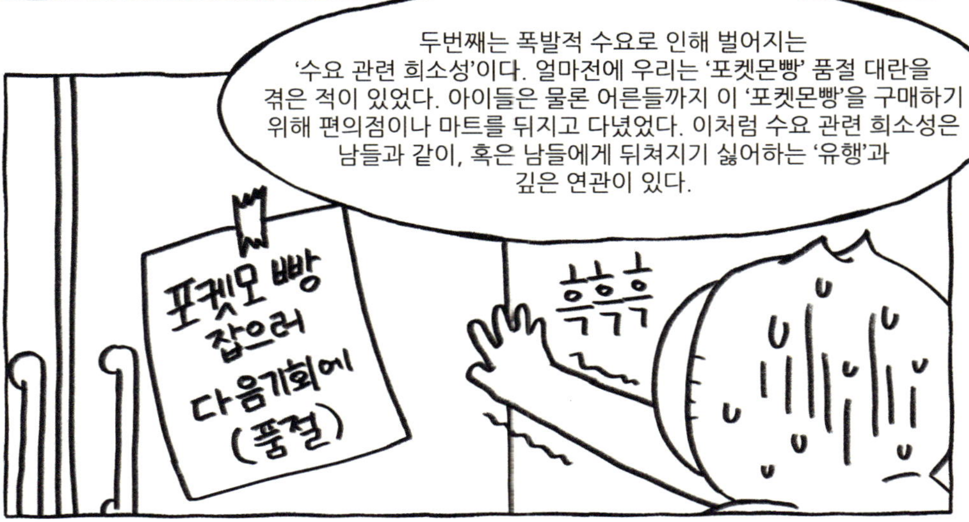

두번째는 폭발적 수요로 인해 벌어지는 '수요 관련 희소성'이다. 얼마전에 우리는 '포켓몬빵' 품절 대란을 겪은 적이 있었다. 아이들은 물론 어른들까지 이 '포켓몬빵'을 구매하기 위해 편의점이나 마트를 뒤지고 다녔었다. 이처럼 수요 관련 희소성은 남들과 같이, 혹은 남들에게 뒤쳐지기 싫어하는 '유행'과 깊은 연관이 있다.

세번째는 구매 시간을 제한하는 '시간제한 희소성'이다. '스타벅스'는 인기 메뉴인 '펌킨 스파이스 라테'를 가을 한정으로 판매를 한다. 덕분에 이를 마시기 위해 고객들은 이 기간 스타벅스로 몰려든다. '펌킨 스파이스 라테'를 1년 내내 판매 하는 것 보다 가을 한정으로 판매를 하는 것이 더 많은 이익으로 돌아오는 것이다. 이러한 마케팅에 재미를 본 '스타벅스'는 매년 기간 한정의 '굿즈'를 판매하여 많은 수익을 내고 있다.

희소성 마케팅은 기본적으로 소비자의 합리적이고 이성적 판단보다는 구매를 하지 않으면 큰 손실을 볼 수 있다는 공포와 충동을 일으키는 기법이다.

이를 위해 남바원은 가방을 갈아버려 공급을 줄이고, 홈쇼핑에 출연하여 시간을 제한하였고, 자신이 몰래 가방을 구매하여 수요를 일으켰다. 이렇게 3가지를 동시에 진행하여 소비자, 아니 자신이 목표로 한 사장님 부인에게 지금 사지 않으면 뒤쳐진다라는 공포를 심어 준 것이다.

양대산맥, 메가쇼핑과의 대결

췟
튕기기는...
역시! 캐비어 이자식이 정말!!
깜짝
왜..왜 그러십니까? 사장님.. 그게 뭐길래 그러십니까?
자! 자네가 직접 보게!
휙
아니.. 이건?!

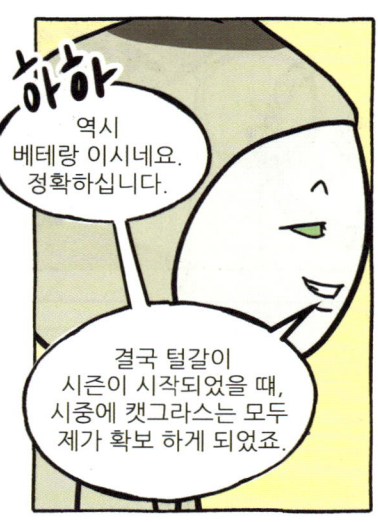

제가 회사에서 받은 돈이 150만 페더. 거기에 제돈 300페더를 합쳐 농장에서 캣그라스를 구매 하였고,

150만 + 300만 = 450만

100상자를 팔아서 남은 수익이 원래대로라고 하면 150만 페더 정도 되어야 했지만

-100상자 = 150만

제가 기존가의 5배 정도로 팔았기 때문에 총 750만 페더이죠.

150만 ×5 = 750만

그 중 원래 제가 냈던 300만 페더를 제외한 나머지. 450만 페더를 사장님께 드린 겁니다.

450만 - 450만 = 0

그라탕의 전략: 시즌 마케팅

시즌마케팅이란 특정 기간의 특수성을 활용하여 제품과 서비스를 집중하여 홍보하는 전략이다.

보통 11월이 다가오면 마트나 편의점의 상품들은 '할로윈'제품들로 넘쳐난다. 또한 12월은 '크리스마스', 2월은 '발렌타인데이' 관련 상품들이 매장을 뒤 덮는다.

> 고양이세상에서의 캣글라스는 털갈이 시즌의 필수 아이템이다. 이 시즌에 '그레이스 백화점'은 '캣글라스' 구매를 위해 방문한 고객들이 다른 제품도 구매하는 낙수효과로 꾸준히 재미를 봤다.

> 특히 4계절의 변화가 매우 심한 대한민국의 유통업계는 이러한 시즌 마케팅에 더욱 민감하기 때문에 이제는 보편적 마케팅으로 자리 잡았다.

하지만 이러한 보편적 상식을 뒤엎는 시즌 마케팅으로 성공한 사례가 있다.

'만도'는 에어컨을 만들어 판매하는 회사였다. 에어컨의 특수성 덕분에 '만도'는 여름철에 집중적으로 마케팅을 진행하였지만 이미 대기업이 버티고 있는 시장에서 그 효과는 미비 하였다.

이에 '만도'는 발상을 전환하여 여름이 아닌 추운 겨울에 마케팅을 펼치며 고객을 유치하기 시작했다. 결과는 대 성공이었다. 업체는 비수기라는 장점으로 특별한 프로모션 가격을 제시하였고, 고객은 성수기에 겪었던 주문 대기와 혼란을 피하고 싶어 겨울철에 에어컨을 주문하였던 것이다.

아따~ 에어컨은 지금 주문이 밀려서 한달정도 걸리세요!

시즌은 매년 돌아오기에 당연하게 시즌 마케팅을 진행하는 경우가 대부분이다. '그레이스 백화점' 역시 매년 하던 대로 그냥 진행하려고 하였던 것이다.

남바원의 전략: 노마진 마케팅

노마진 마케팅은 말 그대로 판매자가 이익을 남기지 않고 제품을 판매하는 마케팅이다. 이러한 마케팅은 수익 창출이 아닌 고객 유치에 중점을 둔다.

남바원의 전략: 독점 마케팅

독점 마케팅은 한 기업이 상품이나 서비스를 도맡아 공급하는 형태를 말한다. 독점은 구매자 보다 공급자가 우위에 서 있는 형태이기 때문에 실현이 매우 제한적이다. 또한 이러한 독점은 구매자 권리가 침해될 확률이 높아 국가적으로 제한을 하고 있는 경우가 대분이다.

호구탈출 남바원

초판 1쇄 인쇄 2023년 11월 6일
초판 1쇄 발행 2023년 11월 13일

글: 검은냥
그림: 아리판다
편집: 카이먼스튜디오

펴낸이: 한희철
펴낸곳: 카이먼스튜디오
신고번호: 제 2023-000020호
이메일: h2c79@naver.com

©kaimenstudio_2023

ISBN: 979-11-984648-2-8

이 책의 저작권은 저자와 출판사에 있습니다.
저작권법에 의해 보호받는 저작물이므로 저자와 출판사의 허락 없이 무단 전재와 복제를 금합니다.
이 책은 네이버 나눔고딕 폰트를 사용하였습니다.

이 책은 한국만화영상진흥원의[2023 만화 출판 지원사업]지원으로 제작되었습니다.